Dieses Booklet …

… bringt Sie an die Themen, die Ihnen auf den Nägeln brennen.

… entlarvt unproduktive Glaubenssätze.

… stoppt Selbstbetrug.

… gibt Ihnen das Steuer zurück in die Hand.

… schenkt Ihnen 11 Tipps gegen BurnOut.

ISBN 978-3-945112-07-6

Bibliografische Information der Deutschen Nationalbibliothek

Die Deutsche Nationalbibliothek verzeichnet diese Publikation in der Deutschen Nationalbibliografie; detaillierte bibliografische Daten sind im Internet über http://dnb.d-nb.de abrufbar.

Alle Angaben werden mit Herz recherchiert, gesammelt, sondiert, lektoriert und publiziert. Dennoch: Alles ohne Gewähr. Jegliche Haftung seitens der Herausgeberin und|oder der Autoren ist ausgeschlossen.

Dieses Buch ist urheberrechtlich geschützt. Das Buch oder Auszüge daraus dürfen nicht ohne eine ausdrückliche Genehmigung des Autors kopiert oder weiterverwendet werden.

Fotos Thierry Ball: werdewelt – B. Schulz

Grafiken: Shutterstock | Profiler's Publishing

Die Wiedergabe von Gebrauchsnamen, Handelsnamen, Warenbezeichnungen usw. in diesem Werk berechtigt auch ohne besondere Kennzeichnung nicht zu der Annahme, dass solche Namen im Sinne der Warenzeichen- und Markenschutz-Gesetzgebung als frei zu betrachten wären und daher von jedermann benutzt werden dürften.

© **PROFILER'S PUBLISHING** Bielefeld 2014 | WWW.PROFILERSPUBLISHING.COM

Thierry Ball

Who is driving the Bus?

PROFILER'S PUBLISHING
Expertenwissen für Ihren Erfolg

Inhalt

Who is driving the bus?

Am Steuer im Bus des eigenen Lebens	3
Highlights der vier 'Haltestellen'	9
Konstruktion 'Problem'	11
Versuch oder Tun?	18
Veränderung als Verantwortung	19
Vertrauen ist anspruchsvoll	26
Mentale Ursachen von Erkrankungen	33
Krankheit als Botschaft	37
Emotion als Reaktion	40
'Come in' statt Burnout	41
Burnout als Kompetenz	47
11 Tipps, wie es nichts werden kann mit einem Burnout	49

Thierry Ball – der Selfment®-Coach 51

Das Refugium	53
Business	55

Am Steuer
im Bus des eigenen Lebens

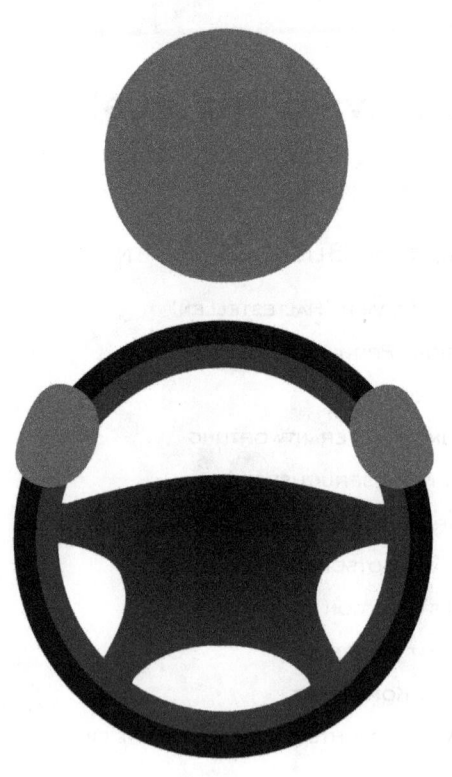

Bewusstheit und Selbstverantwortung als wesentliche Elemente persönlichen Erfolgs

Geht es ihnen auch so?
Sie lassen sich durch das Verhalten eines Menschen ärgern oder werden traurig, wenn sie jemand enttäuscht? Sie reagieren im Straßenverkehr wütend, wenn der Fahrer vor Ihnen 'falsch' fährt? Oder die Party des Gartennachbars zeitlich und akustisch ausufert? Ganz zu schweigen vom Chef in der Firma mit seinen ewigen Forderungen, von nervenden Kollegen und der miesen Stimmung im Team. ...
Das Leben könnte so schön sein, wenn diese Menschen nicht wären, zumindest nicht im eigenen Umfeld. Und die Frage liegt nahe: Warum muss gerade mir das passieren? Was kann ich gegen die Störer unternehmen? Wie fühle ich mich nicht mehr unterlegen oder gar ohnmächtig?

Wir sind schnell dabei, andere zu beschuldigen, und geben damit die Verantwortung für unser Fühlen und Denken an andere ab. Und da wir am Anderen nichts ändern können, fühlen wir uns schnell klein und ohnmächtig.

Tatsache ist:
Stört uns ein Verhalten an anderen Menschen, hat es zunächst etwas mit uns zu tun. Unser Gegenüber berührt durch sein Verhalten einen wunden Punkt, ein eigenes offenes, noch ungeklärtes Thema in uns.
Die Situation zu ändern heißt, uns zu ändern, und dies bedeutet wiederum, uns diesen wunden Punkt anzuschauen und unser eigenes Thema zu klären.

Diese Einstellung und Sicht bedeutet, Verantwortung dafür zu übernehmen, was ich wahrnehme und welche Bedeutung ich dem gebe, was ich wahrnehme. Es kann mich nur jemand ärgern, wenn ich mich in meiner Wahrnehmung dieses Anderen dafür entscheide, mich ärgern zu lassen.

- Was hat das, was mich an anderen stört, mit mir zu tun?

- Wer hat das Problem und wo ist es entstanden – beim Gegenüber oder bei mir?

- Was kann ich für mich in der Wahrnehmung verändern, damit sich etwas im Außen ändert?

- Habe ich hierbei eine Chance?

Das eigene Verhalten an diesem Punkt zu ändern, ist anspruchsvoll und anstrengend zugleich.

In langjähriger systemischer Arbeit als Coach und Berater entwickelte ich ein Konzept, das Menschen in Veränderungsprozessen rasch an jene Themen bringt, die ihnen unter den Nägeln brennen. Es ist für Einzelcoachings ebenso geeignet wie in der Teamentwicklung. Als SELFMENT-Konzept, wie ich es nenne, umfasst es im Wesentlichen vier Schritte, die vom Coach begleitet werden. Dabei nutze ich für das eigene Leben und Erleben die Metapher vom Lebensbus.

Mal ehrlich: Sie sind auf der Arbeit oder auf einer privaten Feier im Kreise Ihrer Familie.

▸ Fahren Sie da immer Ihren Lebensbus selbst?

▸ Und wenn nein, wer ist es?

▸ Und wann geschieht dies in welchen Zusammenhängen?

▸ Wer sitzt am Steuer und lenkt Sie?

Wir sitzen zwar drin in unserem Lebensbus, doch wir erleben oft, dass andere den Bus fahren. Eben dann, wenn wir anderen 'Schuld' für das eigene Erleben geben und ihnen somit auch die Verantwortung und die Macht übertragen.

Aus diesen sich alltäglich wiederholenden Umständen heraus ist mein SELFMENT-Konzept entstanden, um Menschen eine Orientierung zu geben beim Lernen bewusst und selbstverantwortlich wieder das Steuer des eigenen Lebensbusses in die Hand nehmen zu können.

In meiner Aufgabe als Coach bei Lern- und Entwicklungsprozessen mit Klienten werde ich – wie auch in Seminaren mit Unternehmensmitarbeitern – mit Erfahrungen im zwischenmenschlichen Bereich reich beschenkt. Menschen wenden sich vertrauensvoll an mich mit einem Thema, dass sie 'Problem' nennen und sie tagelang, ja gar wochen- oder monatelang beschäftigt, quält und schier nicht mehr loslässt. In einer gemischten Emotion von Frust, Kraftlosigkeit und Mut, es nochmal zu versuchen, begegnen mir Menschen, die sich meist in scheinbar letzter Hoffnung eine Hilfe von außen (durch mich) erhoffen.

Am Thema des Klienten anzusetzen und mit ihm über seine Ressourcen einen Lösungsweg zu erarbeiten war und ist Grundgedanke und Ziel eines jeden meiner Coaching-Prozesse.

Was sich aus systemischer Sicht für mich heute jedoch entscheidend weiter entwickelt hat, ist der Fokus auf das, was vor einem definierten 'Problem' des Klienten ausgeht.

Also:

- Welches Verhalten aufgrund welchen Bedürfnisses ist beobachtbar bzw. abgelaufen, bevor ein Problem daraus hat entstehen können.

Und:

- Wenn das Verhalten ein anderes gewesen wäre, wäre dann das Problem für den Klienten gar nicht erst entstanden?

Eine weitere Frage stellte sich mir:

- Können wir unser Bewusstsein im Handeln so verantwortlich gestalten, dass wir weniger oder keine 'Probleme' mehr haben, bzw. unsere Sicht auf die Welt so entwickeln, dass wir ein scheinbares Problem nicht mehr als Problem sehen und es uns dadurch viel besser geht?

Wenn wir also unser Leben selbst in die Hand nehmen und für unser Wahrnehmen und Handeln selbst Verantwortung übernehmen würden, welche weitaus größere Chance würde sich dann für uns auftun, das zu verwirklichen, was wir wirklich von Herzen selbst wollen?

Ich ging diesen Fragen nach und versuchte in meinen Coachings mit Unterstützung wirksamer Tools, die ich zur Verfügung hatte, Antworten zu finden. Antworten, die mir durchaus auch meine Klienten gaben. Klienten, die sich auf eine besondere Art von selbst mit hoher Qualität autonom entwickeln wollten mit dem Ziel, sich fortan selbst versorgen zu können. Dafür bin ich sehr dankbar. Ganz von selbst ist so 'SELF-MENT®' entstanden.

Selbst etwas für sich tun zu wollen und auch zu können erfordert:

- Ein Grundmaß an BEWUSSTHEIT
  - 'Selbstbewusstsein' ist das Ergebnis, sich selbst bewusst zu werden

- Die Bereitschaft für ENTWICKLUNG
  - sich selbst zu 'ent-wickeln' bedeutet, das bereits Vorhandene in uns auszupacken, zu erkennen und zu nutzen

- Die Erkenntnis, eine 'META-POSITION' für sich zu nutzen
  - einen beobachtenden, distanzierteren Blickwinkel einnehmen lernen

- Psychische und physische GESUNDHEIT zu bewahren
  - bewusstes 'Bewohnen' des eigenen Körpers
  - wertschätzender Umgang mit unserem Zuhause 'Körper'
  - körperliche Reaktionen und Symptome verstehen

So entstanden die vier Bereiche Bewusstheit, Entwicklung, Meta und Gesundheit. Die vier Grundbausteine für mehr Selbstverantwortung in unserem Leben – SELFMENT®.

Highlights der vier 'Haltestellen'

Zunächst geht es im ersten Schritt – gewissermaßen der ersten Haltestelle des Lebensbusses, nennen wir sie Bewusstheit – uns der Verantwortung des eigenen Erlebens bewusst zu werden.

Im Coaching oder in einem Workshop innerhalb eines Unternehmens gilt es, Coachees und Teilnehmern die eigenen Kompetenz bewusst zu machen.

Und auch den eigenen Anteil an dem, was er selbst als Problem, Hürde, Zwickmühle oder Konflikt bezeichnet.

Da geht es u.a. um folgende Fragen:

▸ Wer bist du, wenn du X|Y wahrnimmst?

▸ Was ist dir wichtig, damit ein Problem entsteht und das Problem ein Problem bleibt?

▸ Wie kannst Du für Dein Problem und seine Lösung Verantwortung übernehmen?

▸ Was ist Dein Thema daran, wenn Dich etwas Bestimmtes am anderen stört?

▸ Wie machst Du es, damit Dich andere verletzen oder ärgern können?

Konstruktion 'Problem'

'Probleme', wie wir schwierige Situationen und Themen nennen, sind Auswirkungen von ersten 'Lösungsversuchen' bevor das besagte 'Problem' entsteht.

Mehr noch:
Alle Probleme benötigen ein regelrechtes Umfeld, um wirksam existieren zu können. Vor allem braucht ein Problem einen Beobachter, der es bemerkt. Wenn innerhalb einer großen Waldfläche in der Mitte ein Baum fällt, den keiner bemerkt, ist das dann bereits ein Problem geworden?

Ein Problem wird durch Beobachtung bei sich selbst oder mit anderen gemacht. Es ist konstruiert und wird somit von jedem unterschiedlich wahrgenommen | bewertet.

Ein Problem ist genau genommen die Formulierung eines Bedürfnisses. Es entfaltet sich, wenn die Kommunikation darüber anschlussfähig ist, d.h. es gibt eine Reaktion darauf. Erst durch das Konstrukt eines Ist-Soll-Abgleichs entsteht ein Unterschied und somit eine denkbare Problematik.

Allein mit der Einstiegsfrage eines Coachs oder Beraters: „Was ist Ihr Problem heute?", wird ein 'Problem' tatsächlich zum Problem gemacht und suggeriert, es gebe das Problem an sich und wirklich.

Um das Problem herum entwickelt sich ein soziales System, das durch die Kommunikation über das Problem charakterisiert wird.

So ist das Problem eine Verkettung von Umständen und subjektiven Wahrnehmungen.

Auch eine Zielformulierung (Soll-Zustand) kann ein Problem verursachen, wenn vorhandene Ressourcen (Ist-Zustand) nicht daran gemessen und angeglichen werden. Ein Ziel erreicht sich am leichtesten, wenn es nicht erreicht werden muss.

Die entscheidende Chance, wenn Probleme von uns selbst konstruiert sein sollen, ist, dass alles was konstruiert wurde auch wieder de- und umkonstruiert werden kann. Und das gelingt wiederum nur und am besten dem, der das Problem als Problem selbst hat.

Die 'Lösung' davon ist der erste Schritt. Hier bieten sich große Gestaltungschancen. Um diese nutzen zu können, bietet es sich an, sich das Problemgewebe oder die Problemstruktur zu verdeutlichen. Dies geschieht u.A. in SELFMENT®-Coachings. Alternativ ist es durch Selbstreflexion ebenso erlernbar.

Probleme werden meist dann wahrgenommen, wenn etwas zu viel an Unerwünschtem oder zu wenig an Erwünschtem erlebt und empfunden wird. Somit ist es leichter den Fokus auf das zu viel oder zu wenig zu richten, um gegensätzliche Wirkung als Musterveränderung zu erreichen.

Dr. Gunther Schmidt beschreibt in seinem Buch 'Liebesaffären zwischen Problem und Lösung' ganz wunderbar die Definition eines Problems: Ein Problem entsteht durch die Konstruktion einer Ist-Soll-Diskrepanz. Dabei stößt man bei Versuchen, das unerwünschte 'Ist' in das gewünschte 'Soll' zu verwandeln, auf Blockaden zwischen Ist und Soll. Und dies wird verbunden mit Lösungsversuchen (Maßnahmen, Schritte zur Problemlösung), die nicht zum gewünschten Ziel führen.

Was ich glaube, das ist dann auch so.

„Wenn das, was Sie glauben, wirklich wahr ist,
brauchen Sie es nicht zu glauben."
R. Smothermon

Ein Glaubenssystem ist nach dem amerikanischen Psychotherapeut Ron Smothermon eine Sammlung von Aussagen über eine Person, einen Ort oder eine Sache, die das Ziel hat, diese Person, diesen Ort oder diese Sache so zu definieren, um damit umgehen zu können. Überzeugungen entspringen aus einer mangelnden Bereitschaft heraus, den direkt gemachten Erfahrungen einfach zu vertrauen. Gleichen wir also direktes Erleben mit unseren Überzeugung ab, bewerten wir den Unterschied als 'ungewöhnlich' oder 'zufällig', 'die Ausnahme, die die Regel bestätigt'.

Ein aktives Glaubenssystem erzeugt daher immer einen unpassenden Kontext:

▸ Es kann nicht sein, dass...

▸ Das geht nicht, weil...

▸ Völlig unmöglich, dass wir uns je verstehen werden...

▸ Das kann nicht sein, dass ich je Erfolg damit haben werde, weil...

▸ Meine Mutter | mein Chef könnte sich niemals ändern...

▸ Es ist unmöglich, dass die Welt jemals ohne Kriege | Verhungern sein wird...

Richtig, denken Sie jetzt vielleicht. Und so beschränken diese Glaubenssätze das, wofür Sie im Leben bereit sind zu erleben und was Sie im Leben passieren lassen. 'Wunder' geschehen daher nicht innerhalb eines unpassenden Kontextes von Glaubenssystemen. Schon historisch frühe Ereignisse der Menschheit unterstreichen dies: Die Sklaverei wurde nicht innerhalb eines Glaubenssystems beendet, sondern konnte nur von außen beendet werden. Überzeugungen beschränken daher die Art und Weise, wie Dinge und Erlebnisse sind. Sie werden so wahr-genommen, wie die Überzeugungen ausgestattet sind (vgl. R. Smothermon: Meisterschaft im Leben, S. 15ff).

Was bedeutet dies für Ihre erste Reflexion während Ihrer Busfahrt?

Überprüfen Sie Ihr Glaubenssystem mit all den Überzeugungen und Glaubenssätzen über sich selbst:

▸ Glauben Sie, dass Sie all die Weisheiten und Informationen von SELFMENT® wirklich für sich wirksam umsetzen und davon profitieren können?

▸ Glauben Sie, es wird klappen, aber gerade bei Ihnen sehr, sehr lange dauern?

▸ Oder kommt Ihnen die Idee, dass Sie, nachdem Sie so viel schon versucht haben, sowieso ein 'hoffnungsloser Fall' sind...?

ÜBUNG

Schreiben Sie Ihre Glaubenssätze über sich auf. Beginnen Sie, indem Sie einen für Sie bedeutenden Satz auswählen und aufschreiben:

Reflektieren Sie mit den folgenden Fragen die Entstehung dieses Satzes:

- Wann ist dieser Satz in mir entstanden?

- Von wem kommt er mir bekannt vor?

- Woher weiß ich, dass es so ist?

- Was würde passieren, wenn es nicht so wäre?

- Was bedeutet mir dieser Satz?

- Was würde es mir bedeuten, wenn es nicht so wäre?

- Welche Konsequenz hätte es, wenn ich diesen Satz nicht mehr hätte?

- Welche Erkenntnisse | Ergebnisse habe ich aus den Antworten für mich bekommen?

SELFMENT®

4 Haltestellen

- Bewusstheit
- Entwicklung
- Meta-Kommunikation
- Gesundheit

Versuch oder Tun?

Kennen Sie von sich Äußerung wie: „Ich werde versuchen, mein Bestes zu geben", „Ich versuche mich zu bessern", „Ich versuche es mal mit SELFMENT®" oder „Dies ist jetzt aber mein letzter Versuch".

Glauben Sie, dabei wirklich aktiv gewesen zu sein? Wirklich unterwegs und selbstfahrend in Ihrem Bus? Erinnern Sie sich: Welche Qualität hatte Ihr Tun, wenn Sie wieder 'versucht' haben, etwas zu bewältigen. Hatten Sie wirklich je damit begonnen?

'Versuchen' ist ein vom Verstand erschaffener Zustand, also von der rationalen, linken Gehirnhälfte. Synonyme sind Kampf und Mühe. Wenn Sie 'Versuchen', bleiben Sie in einer Opferhaltung, die dadurch geschickt in die Erledigung der Aufgabe eingeschleust wird.

Die positive Absicht dahinter könnte sein, dass Sie Recht behalten, Anerkennung von anderen als 'Opfer' zu erhalten oder eine Entschuldigung mitliefern, die jeden Ausgang des Tuns erlaubt. Schnell findet sich dann auch ein Grund, wenn der Versuch leider wieder gescheitert ist. Naja, immerhin haben Sie es ja versucht.

Unterscheiden Sie also 'Versuch' und 'Tun'. Beide Begriffe stehen sich völlig gegensätzlich gegenüber.

▸ Tun Sie es und was wirklich zählt ist das Ergebnis, das Sie bekommen.

▸ Verantworten Sie es und werfen Sie den schweren Ballast der 'Versuchens' über Bord.

Wie Sie sich entscheiden werden, es wird die Qualität haben, die Sie sich letztlich wünschen.

Veränderung als Verantwortung

Veränderung gelingt uns, wenn wir dafür Verantwortung übernehmen.

▸ Für Ihr Leben sind Sie bereits verantwortlich – ganz und gar. Wenn eine Frage bleibt, ist es die, ob Sie das für sich anerkennen wollen.

Wenn Sie all Ihre Erlebnisse und Wahrnehmungen, die angenehmen und die unangenehmen, bereit sind als eigener Produzent anzunehmen und nicht anderen dafür die Schuld zuweisen, dann übernehmen Sie Verantwortung.

Sicher fällt es Ihnen bei den angenehmen und leichten Ereignissen leichter bei sich zu bleiben und es Ihnen zuzuschreiben. Wie ist es bei Unangenehmem? Und woher kommt schon wieder die Idee, dass es positive und negative Erlebnisse gibt?

Wir richten es uns eben ein, wie wir es uns einrichten. 'Schlechte' (auch 'gute') Erlebnisse sind Kreationen des rationalen Verstandes, der logischen Abteilung in unserem Gehirn (linke Gehirnhälfte). Sich dabei schlecht zu fühlen, ist dabei nicht Verantwortung. Schuld oder Scham zu empfinden hat nichts mit Verantwortung zu tun.

Selbst-Verantwortung zu tragen bedeutet Verursacher des eigenen Lebens zu werden, nicht mehr hilfloses Opfer. Es ist das Erleben des Einhaltens von Vereinbarungen mit sich selbst. Das ist verantwortungs- und anspruchsvoll genug. Es geht um klare Bewusstheit – um Ihre Bewusstheit darüber, mehr möglich zu machen, wenn Sie es wollen.

Moshe Feldenkrais' Satz „Wenn Du weißt, was Du tust, kannst Du tun, was Du willst" macht deutlich, dass wir über bewusstes Handeln mehr Qualität in unser Tun und Verändern bringen, wenn wir es wirklich wollen.

Um im Erleben der Verantwortung zu sein, dürfen Sie damit aufhören, in Beurteilungen zu denken.

Folgende Fragen erleichtern die Reflexion auf die Selbstbetrachtung:

▸ Was bedeutet für mich 'Veränderung meiner Persönlichkeit'?

▸ Welchen Anspruch habe ich an mich?

▸ Was bin ich bereit zu investieren?

▸ Was ist mir für mich dabei wichtig (Werte)?

▸ Wie möchte ich mich so verändern, dass ich mich weiter annehmen und wertschätzen kann?

▸ Was werde ich als Erstes verändern?

An der zweiten 'Haltestelle' Entwicklung geht es jetzt darum, vorhandene Ressourcen bewusst zu machen und zu nutzen. Es geht also nicht darum, ein neues Verhalten zu erzeugen oder auszuprobieren. Ein wesentliches Element der SELFMENT®-Idee ist das Erleben im Hier und Jetzt. Es gibt sonst nichts anderes Erlebbares. Vergangenheit und Zukunft werden im Verstand kreiert und sorgen für selbst empfundene, unangenehme Emotionen wie zum Beispiel Wut, Angst, Trauer oder Scham.

Beispielhaft Angst entsteht nie im Hier und Jetzt, sondern nur mit dem Blick des Verstandes auf die Vergangenheit oder auf die Zukunft. Da Sie sich selbst stets im Jetzt befinden und Ihr Verstand in der Vergangenheit oder Zukunft, entsteht eine Lücke, die sich nun mit der Emotion Angst und Sorge füllt. 'Bewohnen' Sie nicht Ihren Körper (siehe auch Kapitel Gesundheit), und fehlt Ihnen die Kraft und die Verbundenheit zum Jetzt, können die Emotionen, wie Angst und Sorge, ein ständiger Begleiter werden.

Stellen Sie sich vor, Sie stehen vor einem Hund und haben Angst vor ihm.

- Ist diese Angst nun im Hier und Jetzt entstanden?
  Ja, sagen Sie. Könnte man meinen.
- Was glauben Sie, wird nun passieren (=Zukunft)?
- Was haben Sie an Erfahrungen, dass Ihnen ein Hund Angst machen kann (=Vergangenheit)?
- Vertrauen Sie auf einen gesunden und wohlwollenden Verlauf dieser Situation (=Gegenwart | Hier und Jetzt)?

Nun, wo entstand Ihre Angst?

Zeit 'nehmen' heisst Zeit 'haben'

Die Zeit ist immer da – haben Sie auch Zeit für sich?

'Zeit' und 'Zeit haben' ist ein illusionäres Konstrukt des Verstandes, unserer logischen, rationalen Abteilung im Gehirn, um die Tatsache beschreiben zu können, dass sich Dinge (ver)ändern.

Zeit ist unwirklich – und die Dinge (ver)ändern sich dennoch... Wir verbrauchen viel, oft zu viel Energie für das Nachdenken über Zeit.

Das Leben des Verstandes beginnt und endet zu einer bestimmten Zeit. Das scheint so sicher wie nur irgendetwas. Auf diese Weise macht der Verstand die Zeit, die ja unwirklich ist, zu etwas endgültig Wirklichem. Leicht bleibt man so in der Illusion der Zeit stecken: Ereignisse, ganze Lebensabschnitte werden mit dem Wunsch verbracht, dass es so sein sollte, wie es nicht ist (vgl. R.Smothermon, Meisterschaft im Leben, S.72).

Wenn also Zeit unwirklich ist und Veränderung wirklich, dann ist Leben etwas, in dem Veränderung wirklich bemerkt und ihr Raum gegeben wird. Es gibt also nur eine 'Zeit', und die ist ...

Jetzt!

Jetzt – in der Gegenwart. Hier, im Jetzt, können keine Probleme entstehen. Sie entstehen im Konstrukt der Vergangenheit oder im Konstrukt der Zukunft unseres Verstandes.

Vergangenheit gibt es nicht. Vergangenheit ist erinnert und konstruiert.

Zukunft hat sein Merkmal darin, dass es unbekannt ist, sonst wäre es nicht die Zukunft. Glauben wir über sie zu wissen, konstruieren wir uns etwas (vielleicht sogar aufgrund von 'Erfahrungen' in der Vergangenheit) in der Gegenwart, das unweigerlich zu Problemen in der Zukunft führen kann.

Wenn Sie glauben, in der Vergangenheit zu stecken, dann stecken Sie jetzt in der Konstruktion Ihrer Vergangenheit.

Sie können jetzt etwas tun. Immer nur jetzt. Nur das gibt es wirklich.

Das gleiche gilt für die Zukunft. Beunruhigt Sie die Zukunft? Was ist das dann, was Sie jetzt beunruhigt?

Was immer Sie in Ihrem Leben auch angehen, verändern oder neu entstehen lassen werden, es wird nur in der Gegenwart geschehen. Dieser Verantwortung stehen Sie ganz nahe. Das ist es.

Die einzige 'Zeit', die es nun für Sie an praktischer Umsetzungen und Veränderung gibt, ist die gegenwärtige – genau jetzt! Fangen Sie an und tun Sie es mit Liebe, Dankbarkeit und Vertrauen. Achten Sie besonders im Alltag auf Ihre Sprache und Ihre Gedanken. Beobachten Sie einmal genau, wann Sie im Jetzt und wann Sie eher in der Vergangenheit oder in der Zukunft sprechen oder sich mental bewegen. Was würden Sie dann sagen: Wie viel Prozent von 100 sind Sie davon im Jetzt?

.... % MEINER GEDANKEN BIN ICH IM HIER UND JETZT.

Zeit ist Illusion und vom Verstand untrennbar miteinander verbunden. Über den Verstand definieren wir die Zeit. Es entsteht Erinnerung (Vergangenheit) und Erwartung (Zukunft) und somit eine ständige Beschäftigung mit Vergangenheit und Zukunft. Vergangenheit wird dann als Identität, Zukunft als Erlösung oder Erfüllung definiert und verstanden. Und doch ist beides ein Konstrukt des Verstandes.

Das einzig wirklich kostbare an Zeit liegt außerhalb deren: das Hier und Jetzt. Je größer der Fokus auf Vergangenheit und Zukunft, also Erinnerung und Planung, liegt, desto größer ist auch die Chance, das Jetzt zu verpassen. Dadurch wird das Leben im Jetzt so kostbar. Es gibt sonst nichts!

Ihr gesamtes Leben spielt sich in der Gegenwart ab. Erinnerung und Vorhersage ist nichts. Es ist tatsächlich nur das Jetzt. Nichts ist je in der Vergangenheit geschehen. Es ist Erinnerung an ein früheres Jetzt. Nichts wird je in der Zukunft geschehen. Es ist die Projektion und Konstruktion eines Jetzt, das noch nicht eingetroffen ist. Es wird nur im Jetzt geschehen.

Drei Wege, wie Sie üben können, mit dem 'Hier und Jetzt' besser umzugehen?

I. Akzeptieren Sie die Situation voll für sich und nehmen Sie sie an.

II. Verändern Sie die Situation für sich so, dass Sie sie annehmen und akzeptieren können.

III. Verlassen Sie die Situation, lösen Sie sich ganz von ihr. ("Love it, change it or leave it.")

SELFMENT®

4 Haltestellen

- Bewusstheit
- Entwicklung
- Meta-Kommunikation
- Gesundheit

Vertrauen ist anspruchsvoll

Vertrauen ist ein anspruchsvoller Wert. Vertrauen ist komplexitätsreduzierend und das Gegenteil von Wissen. Solange Sie daher etwas über sich oder andere nicht wissen, dürfen Sie vertrauen.

Aus eigener Sicht ist Vertrauen die Haltung, sich oder dem anderen etwas zuzutrauen ohne zu wissen, dass es gelingt. Über diese Art der Freiheitsübertragung entsteht erst die Chance des Gelingens. Fangen Sie also zunächst an, sich zu vertrauen. So gelingt Ihr Erfolg.

Im nun folgenden Schritt, an der dritten Haltestelle, wird es Ihnen möglich zu erfahren, sich auf eine Meta-Ebene zu begeben und Situationen von dort zu beobachten.

Wir sprechen im Allgemeinen öfter über diese Ebene als wir es bewusst wahrnehmen. „Ich stand neben mir." „Ich brauche jetzt erst einmal einen Abstand." Oder: „Du bist doch verrückt..." sind alltägliche Umschreibungen der Meta-Position. Sie geben Aufschluss, dass wir ganz unbewusst auf eine distanzierte, vielleicht höhere Wahrnehmungsebene gelangen, um von dort aus eine Alternative für unser Verhalten zu finden, das uns und der Situation besser gerecht wird. Diese Fähigkeit gilt es bewusst zu machen und fortan zu nutzen.

Auf ‚eine Meta-Ebene zu gehen, bedeutet nicht, teilnahmslos, interesselos und emotionslos zu sein.

Im Gegenteil: Mit erhöhter Aufmerksamkeit und Fokussierung nehmen Sie alle Informationen des Gegenübers wahr, ohne jedoch selbst emotional so betroffen zu sein, dass es Ihr Verhalten negativ beeinträchtigen oder einschränken könnte. Sie bleiben handlungs- und entscheidungsfähig.

Auf der Meta-Ebene gehen Sie in eine Beobachterrolle, die Sie selbst mit Ihrem Gegenüber beobachten lässt, wie Sie miteinander interagieren. Aus einer historischen Kölner Geschichte heraus wird einer Sichtweise von Meta deutlich. Die Sage schildert Tünnes und Schäl, zwei legendären Figuren aus dem Hänneschen-Puppentheater der Stadt Köln, die miteinander träumten, was sie sich wünschen würden.

Tünnes fragt Schäl, was er sich wünschen würde, wenn er einen Wunsch frei hätte. Dieser wählt, einen Schwan zu sein, weil es so schön ist zu fliegen.

Daraufhin meint Tünnes, er würde eher wählen, zwei Schwäne zu sein: Dann könnte er als der erste Schwan fliegen und dies genießen und sich gleichzeitig als der zweite Schwan dabei zusehen und auch dies erleben und genießen.

Davon inspiriert, entscheidet sich Schäl dafür, lieber drei Schwäne zu sein: Dann könnte er, wie, Tünnes, als erster Schwan fliegen und dies genießen, als zweiter Schwan dem ersten beim Fliegen zusehen und dies wiederum beobachten und genießen. Zusätzlich könnte er jedoch als dritter Schwan dem zweiten zusehen, wie dieser dem ersten beim Fliegen zusieht und dabei genießen, um so auf allen drei Ebenen bewusst erleben und genießen zu können.

Wir sind im Alltag oftmals auf 'Meta'. Allein in Redewendungen wird deutlich, dass es eine Ebene, ein Level der Kommunikation gibt, auf denen wir manchmal bewusst und unbewusst Erfahrungen machen.

Äußerungen wie ...

- „Ich brauch jetzt erst mal Abstand."
- „Ich stand neben mir."
- „Du bist doch 'verrückt'!"
- „Zwick mich mal..."
- „Träume ich jetzt oder bin ich wach?"

... zeigen, dass wir mit uns und unserer Kommunikation etwas tun, um sie zu verändern und für uns zu verbessern. Wir begeben uns woanders hin, um neue, vielleicht der Situation angemessenere Gedanken und Ideen zu bekommen. So reagieren wir dann oft mit Aussagen wie

- „Ich sehe den Wald vor lauter Bäumen nicht mehr."
- „Mir fehlt der Überblick."
- „Im Augenblick des Geschehens nahm ich nichts mehr wahr."
- „Zwick mich mal..."
- „Da muss ich erst mal drüber schlafen."
- „Steh mal auf, du sitzt wohl auf der Leitung."

Selbst eine kurze Auszeit oder die Tasse Kaffee zwischendurch kann eine Form sein, sich kurz aus dem Geschehen zu ziehen und darüber (an anderem Ort = Meta-Ebene) nachzudenken, wie etwas weitergehen kann.

Im Sport kennen wir Time-Out-Phasen, in denen Mannschaften nicht etwa nur ausruhen. Unter Anweisungen des Trainers werden neue Gedanken und strategische Spielzüge bewusst gemacht und alternative Vorgehensweisen vor Augen geführt. Diese Auszeit separiert den Ablauf und kann das weitere Geschehen beeinflussen.

Den Überblick zu behalten gelingt Ihnen demnach am besten, wenn Sie einen tatsächlich oder mental kreierten Abstand zu den Ereignissen haben.

Je weniger Geschehnisse auf Sie direkt emotional einwirken, umso klarer können Sie einen (neuen, weiteren) Gedanken fassen und ggf. eine für Sie selbst 'gute' und tragfähige Entscheidung treffen. Vielleicht ist es heute bei Menschen, die viele Entscheidungen treffen müssen, der Hauptgrund nicht zu entscheiden, weil ihnen der Weg auf eine Meta-Ebene nicht bekannt bzw. noch nicht zugänglich ist. Eine Ebene, die dann in einer akuten Situation sofort einen geänderten Blickwinkel und somit Erleichterung schaffen könnte.

'Meta', eine griechische Vorsilbe, bezeichnet eine von einer grundlegenden Ebene abstrahierten Position, der sogenannten Meta-Ebene. Die Meta-Ebene ist demnach eine übergeordnete Ebene oder Sichtweise, wenn ein Diskurs oder eine Struktur innerhalb von sich selbst über sich selbst spricht.

Zu jeder Meta-Ebene können wiederum dissoziierte, weitere Meta-Ebenen (Meta-Meta-Ebene, Meta-Meta-Meta-Ebene usw.) gebildet werden.

Beispiele aus unterschiedlichen Kontexten:

▸ In der Informatik unterscheidet man zwischen Daten und Metadaten. Metadaten beschreiben wiederum die Daten.

▸ Die Wissenschaftstheorie untersucht auf einer Meta-Ebene die wissenschaftlichen Methoden, die wiederum der Untersuchung von weiterer Wissenschaft dienen.

▸ Bei der Betrachtung der menschlichen Kommunikation wird eine Diskussion, die sich nicht mit deren Inhalten, sondern mit dem äußeren Rahmen (Sprecher, Voraussetzungen, Begrifflichkeiten) auseinandersetzt, als Meta-Ebene oder Meta-Diskussion bezeichnet.

Bei der sogenannten 'Meta-Kommunikation' geht es um die Kommunikation über die Kommunikation.

Die Gesprächspartner verlagern ihre Aufmerksamkeit auf eine höhere Ebene der Betrachtung und sprechen darüber, wie sie miteinander umgehen oder was sie im Moment stark beschäftigt. Dies verlangt von allen Beteiligten des Dialogs Mut und Bereitschaft, sich selbst wahrzunehmen und über sich selbst –

dort – zu sprechen. Die Beteiligten sprechen quasi in respektvoller Distanz offen über das Kommunikationsverhalten. Sie begeben sich auf einen 'Leuchtturm' oder betrachten aus der 'Vogelperspektive'.

Ein Beispiel:

Sie sind im Dialog mit einem Kunden oder Mitarbeiter und Ihr Gespräch scheint festgefahren zu sein. Aus einer gemeinsam kreierten Meta-Position lässt sich ein veränderter Gesprächsverlauf kreieren.

Ihre Frage an den Gesprächspartner: „Wenn wir uns aus der Distanz betrachten würden und uns die Frage stellten: Was können die beiden jetzt in dieser scheinbar verfahrenen Situation des Gesprächs gut gebrauchen, was würde da uns jetzt einfallen?"
Nun folgen aus Meta-Sicht Vorschläge, die geschützt formuliert und ggf. im Gespräch dann umgesetzt werden können.

Wichtige Aspekte in der Meta-Kommunikation für eine klaren und verständlichen Ausdruck sind dabei:

▸ Einfachheit in der Sprache

▸ Kurze und prägnante Formulierungen

▸ Stimulierend Ausführungen

▸ Wertfreiheit im Inhalt

▸ zulassende Emotion

Da jede Botschaft einen Inhalts- und Beziehungsaspekt hat, können Störungen der alltäglichen, menschlichen Kommunikation der Beziehungsebene auf der Meta-Ebene distanzierter und somit leichter betrachtet und aufgelöst werden.

SELFMENT®

4 Haltestellen

- Bewusstheit
- Entwicklung
- Meta-Kommunikation
- Gesundheit

Der vierte Schritt im SELFMENT-Prozess befasst sich mit Ihrem mentalen Gesundheitsaspekt.

Gesundheitsmanagement beschränkt sich nicht auf angemessene Arbeitsplatzbeleuchtung oder den korrekten Abstand des Arbeitsplatzes zum PC-Bildschirm. Ich nutze im Coaching dabei auch unorthodoxe Methoden, z.b. Möglichkeiten der 'neuen Homöopathie' nach Erich Körbler, Meridian-Klopf-Techniken oder das Wasserprägen nach Dr. Emoto.

Um mit Emotionen wie Wut, Ärger, Trauer, Hilflosigkeit, Angst, Scham und Schuld in Balance zu kommen, nutze ich das Emotionscoaching wingwave®.

Denn mit den ersten drei Schritten haben wir bisher lediglich über Emotionen gesprochen und kognitive Strategien entwickelt. An der vierten Haltestelle gilt es, Emotionen als Funktionen des limbischen Systems zu versorgen.

Im Coaching spielen Emotionen die eigentliche und zugleich wesentliche Rolle. Sie werden außer Balance und unbearbeitet immer wieder neu im Körper durch äußere Reize ausgelöst, auch wenn rational schon längst ein 'Plan' für die eigene Veränderung vorliegen kann.

'Emotionen versorgen' heißt hier: emotionale Blockaden im wahrsten Sinne des Wortes zu lösen, indem die Kooperation der rechten und der linken Hirnhälfte stimuliert wird. Wingwave® eignet sich für den schnellen Abbau von Leistungsstress ebenso wie zur Steigerung von Selbstbewusstsein, Kreativität und mentaler Fitness.

Mentale Ursachen von Erkrankungen

Wir Menschen reagieren auf unsere eigene Abbildung der Realität, nicht auf die Realität selbst.

Die 'Landkarte', also das eigene Weltbild, die eigenen Einstellungen und Glaubensüberzeugungen sind nicht die Wirklichkeit. Ihr Verhalten richtet sich immer nach ihrem eigenen, internen Bild der Welt und nicht danach, wie die Welt da draußen 'wirklich' ist. Unser zentrales Nervensystem bildet die Realität nicht ab. Was wir von der Welt wissen und gelernt haben, bringen wir selbst hervor.

So spielen Ihre Werte, Glaubenssätze und Gedanken eine kraftvolle Rolle in ihrer persönlichen Entfaltung. Ihre Gedanken dazu ergeben letztlich das Resultat, wie sie Dinge erleben. Wenn Sie z.b. glauben, nicht genießen zu wollen oder zu können, dann wird das auch so sein. Sie werden in jeder Situation auch ihre Bestätigung erhalten, dass sie recht hatten (Selbsterfüllende Prophezeiung).

Wirkt also die Macht der Gedanken in die eine Richtung, so kann es ein leichtes Spiel von Ihnen sein, 'einfach' das zu denken und zu glauben, was eintreten soll.

Glaubenssätze besitzen eine sehr starke Kraft und wirken direkt auf unser Verhalten. Wenn sie glauben, dass sie zu etwas nicht in der Lage sind und Glaubenssätze verinnerlicht haben wie: „Ich kann das sowieso nicht ändern" oder „Es ist jetzt ohnehin schon zu spät" oder „Ich konnte noch nie so richtig ... genießen", dann blockieren diese Sätze Ihre vorhandenen Ressourcen und Ihre bewusste Kompetenz.

Unsere Überzeugungen über uns selbst wirken sich so bemerkenswert erfolgreich auf unsere alltägliche Leistungsfähigkeit, teils einschränkend, aus.

Die Bedeutung eines Ereignisses ist nicht von Natur aus gegeben, sondern wird von uns festgelegt. Ein Glaubenssatz, wie „Dass ich meinen Arbeitsplatz verloren habe, bedeutet für mich großes Unglück", könnte genauso aus der Überzeugung und dem Glauben kommen „Durch meinen Arbeitsplatzverlust kann ich die Chance wahrnehmen, eine neue Arbeit zu finden, die mir (mehr) Spaß macht".

Alle unsere Glaubenssätze, ob hinderlich oder förderlich, sorgen für den Erfolg, den sie beinhalten. Suchen Sie sich also Sätze und Überzeugungen aus, die Sie weiterbringen und Ihnen einmal mehr ermöglichen, 'Lebensgenießer' zu werden.

▸ Unsere Macht liegt im Hier und Jetzt und in unserem eigenen Bewusstsein.

▸ Sie können jetzt damit beginnen, Ihre Gedankenmuster und Glaubenssätze zu verändern.

▸ Gedanken und Worte haben bisher Ihr Leben geformt.

▸ Gedanken und Worte werden auch künftig Ihr Leben formen.

▸ Die Gedanken und Worte, die wir heute wählen, werden Ihr Morgen bestimmen.

▸ Ihre eigene Macht der Gedanken liegt im Hier und Jetzt.

▸ Sie könnten endlich loslassen!

Louise Hay schreibt in Ihrem Buch „Heile deinen Körper": „Als winziges Baby warst du die reine Freude und Liebe. Du wusstest von deiner Bedeutung. Du fühltest dich als Mittelpunkt des Universums. Du hattest solchen Mut; du sagtest, was du haben wolltest, und hast alle deine Gefühle offen ausgedrückt. Du hast alles an dir geliebt, jeden Teil deines Körpers, einschließlich deiner Ausscheidungen. Du wusstest, dass du vollkommen bist. Und das ist die Wahrheit deines Seins. Der Rest ist angelernter Unsinn und kann wieder verlernt werden."

Unnütze, negative Denkmuster verursachen Krankheiten.

Lösen Sie mit neuen Gedankenmustern alte auf und bewahren Sie so Ihre Gesundheit.

Klassische Erkrankungen sind ein körperliches Zeichen, seelisch-geistige Gründe dafür zu haben, gerade diese Krankheit zu zeigen. In Louise Hay's Buch „Heile deinen Körper" sind die meisten Krankheiten mit den ursächlichen mentalen Symptomen und gleichzeitig den neuen Gedankenmuster niedergeschrieben.

SELFMENT® übernimmt diese wunderbare Arbeit und vernetzt eine mentale Ursache mit der möglichen Veränderung durch geprägtes Wasser mit neuen Gedankenmustern.

Ebenso hilft uns durch das Behandeln der Ursache die Vermeidung einer künftigen Wiederholung der gleichen Symptome.

Der Körper als Heimat

Der Körper existiert von Natur aus in einem Zustand des Wohlbefindens.
Er ist ein Ort, von dem aus die Welt beobachtet werden kann.
Er ist eine physische Darstellung von Ihnen, aber er ist nicht Sie. (vgl. Ron Smothermon)

Sie wohnen in Ihrem Körper wie alle Menschen und er sendet Ihnen Signale, wie Sie Ihr Leben gestalten und leben. Er ist ein wunderbares Behältnis Ihrer Seele und zeigt nach außen, was mit Ihnen wirklich ist. Und darin wohnen Sie - eigentlich. An dieser Stelle sei erwähnt, dass durch täglichen Stress immer weniger Menschen in ihrem Körper bewusst 'wohnen' und Zugang zu sich selbst finden können. Daher wird es an diesem letzten Bus-Stopp um das 'bei sich ankommen' gehen und um mehr Bewusstheit im Umgang mit dem eigenen kostbaren Körper.
Gehen Sie liebevoll und sorgsam mit Ihrem Körper um. Sie haben nur den einen!

Versucht sich nun Ihr Körper durch Unwohlsein oder gesundheitliche Beeinträchtigungen mitzuteilen, so zeigt er Ihnen, dass Sie in einer Weise denken, die Ihnen schadet.

Er kommuniziert mit Ihnen durch Symptome. Er sendet Ihnen Signale, dass Sie etwas verändern dürfen. Werden Sie krank, beginnt Ihr Körper eine Veränderung zu organisieren. Er signalisiert Ihnen, dass Sie an Ihrer physischen, emotionalen und geistigen Grenze angelangt sind. Nun liegt es an Ihnen zu erkennen, die Ursache für das, worüber Ihr Körper Signale sendet, anzugehen und nicht das Symptom selbst mit Medikation in den Griff zu bekommen.

Wenn am Armaturenbrett Ihres Autos eine Warnleuchte aufleuchtet, fahren Sie ja auch (hoffentlich) zur nächsten Werkstatt und lassen nach der Ursache forschen. Alternativ könnten Sie auch einen schwarzen Klebestreifen auf die Warnleuchte kleben. Dann wäre das Signal (Symptom) auch nicht mehr sichtbar.

Krankheit als Botschaft

Sie sind nicht mehr bei sich? Sie nehmen sich nicht wahr? Suchen nach Gefühlen, wenn Sie etwas fühlen? Sie sind 'außer sich'? Sie suchen Zugang zu sich, um wieder 'bei sich anzukommen'?

All diese Zustandsbeschreibungen und Wahrnehmungen sind Indizien dafür, nicht (mehr) in seinem Körper zu wohnen, da zu sein, in sich zu sein. Die Wachheit sich selbst gegenüber fehlt. Sie sind nicht mehr da, wo Sie sind, wenn Sie da sind. Für eine Krankheit, in welchem Ausmaß auch immer, ist dies ein willkommenes Feld wirken zu können. Krankheit kann sich dann ideal im Körper entfalten, wenn er nicht mehr bewohnt ist, Wachheit und Bewusstheit fehlt. Wir tragen unseren Körper nur noch herum und agieren für andere und anderes. Ein idealer Nährboden, krank zu werden.

Körper, Seele und Geist (Verstand) stehen untrennbar miteinander in Verbindung. Ein Unwohlsein ist eine vorübergehende Störung im Sinne des körperlichen Wohlbefindens, das vom Verstand in Verbindung mit äußeren Kräften und Einflüssen erzeugt wird.

Zunächst glauben wir, dass die Störungen von außen auf uns einwirken, ohne das wir Einfluss hätten. Der Arzt und Psychiater Ron Smothermon spricht jedoch in zahlreichen Untersuchungen bereits davon, dass wir selbst über unseren Verstand einen wesentlichen Beitrag zu einem Krankheitsverlauf leisten (vgl. R. Smothermon, Drehbuch Meisterschaft im Leben, S. 50 ff.).

Weitere Studien belegen: Besonders Kinder, aber auch Erwachsene, die offensichtlich krank sind, werden plötzlich gesund, wenn etwas auftaucht oder passiert, an dem sie wirklich interessiert sind und dabei ganz wach, konzentriert und mit Leidenschaft dabei sind.

Ich selbst hatte dieses Phänomen ebenso in meiner sportlich aktiven Zeit als Turniertänzer. In Phasen starker Erkältung oder gar grippalen Infekten schleppte mich mein Ehrgeiz dennoch ins tägliche Training und am Wochenende auf Turniere. Sobald ich auf der Fläche stand und meine ersten Tanzschritte vollzog, war ich gesund und ohne jegliche Beschwerden. Nach dem Training oder Turnier waren wieder die Symptome der Erkältung deutlich spürbar. Wenn demnach ein äußerst interessantes Spiel auf der Bildfläche erscheint, verschwindet die Krankheit. So etwas schafft nur unser Verstand!

Sicher gibt es nun Einflüsse auf der Welt wie Bakterien, Viren oder Giftstoffe. Und auch hier können wir beobachten, dass manche Menschen weniger krankheitsanfällig sind als andere.

Ein hohes Maß an Selbstverantwortung ist gefordert, wenn wir nun auf die Meta-Ebene gehen und feststellen, dass jenseits aller unserer Glaubenssätze und Überzeugungen die Möglichkeit der Selbstmitbestimmung existiert.

Geht im Augenblick wieder eine Grippe oder eine Magen-Darm-Erkrankung um? Müssen Sie aufpassen, nicht angesteckt zu werden? Oder sind Sie einfach nicht mit dabei? Was sagt Ihr Verstand?

▸ Welcher Glaubenssatz meldet sich?

Sehen Sie...

Die Ursache einer Krankheit steckt in uns.

Bakterien und Viren dienen dazu, uns zu stimulieren, die Beschwerden (Symptome) sind dann Reaktionen des Körpers auf diese Stimulanz.

Wenn Sie eine Erkältung bekommen, haben Sie sich in der Regel angesteckt oder sich unterkühlt – glauben Sie. Und so eine Erkältung geht schon mal einige Tage, nicht wahr? Eine Grippe haut Sie sogar gut und gern eine Woche hin, stimmt's? Solange Sie nun innerhalb Ihrer Glaubenssätze handeln, haben Sie keinen Einfluss auf Ihre Krankheit. Erst wenn Sie sich außerhalb dieser Überzeugungen mental bewegen, managen Sie die Krankheit. Innerhalb der Grenzen sind Sie Opfer, es geschieht mit Ihnen.

Ziehen Sie wieder ein in Ihren Körper!

Dann wird Krankheit schwierig.

- Seien Sie ganz bei sich.
- Seien Sie wach.
- Seien Sie stets bewusst.

Achten Sie auf die Signale Ihres Körpers.

Ihr Körper ist hochsensibel und hochintelligent. Intelligenter als Ihr Verstand. Nur leider nicht stärker.

Bewohnen Sie Ihren Körper. Das ist es.

Emotion als Reaktion

'Emotion' bedeutet aus dem lateinischen 'emovere', also 'Störung'.

Emotionen sind Reaktionen des Körpers folgend auf Ihren Verstand.

Liebe, Freude und innerer Frieden sind tieferliegende Zustände des Seins und der Verbundenheit zu sich. Für diese drei gibt es keine Gegenteile, da sie außerhalb des Verstandes bestehen.

Der Verstand kreiert 'gut und schlecht'. Ihm gelingt der Abgleich, dass es mit 'Gutem' auch 'Schlechtes' geben muss.

So verschwimmen oft die Begriffe Freude mit Lust. Freude ist tiefster Zustand, Lust ein Produkt des Verstandes. Nach Lust folgt der Schmerz, das Ende von Lust wird schmerzlich sein.

Liebe und Freude bleiben bestehen, wenn sie aus tiefstem Zustand kommt.

Auf der Emotionsebene, der 'Störungs'-Ebene, wird Liebe verwechselt mit Sucht, Festhalten und Kampf. Dies geschieht im Verstand. Nur dort.

Wirkliche Freude, Liebe und innerer Friede kennen keinen Gegensatz. Sie sind.

'Come in' statt Burnout

Nichts ist mit dem Thema Gesundheit in den letzten Jahren mehr in Verbindung gebracht worden, als das Beispiel 'Burnout'.

Das wieder mehr in die Öffentlichkeit getretene Symptom des Ausgebrannt Seins eröffnet uns die Chance genauer zu betrachten, in wie weit wir selbst für ein eigenes erlebtes Burnout verantwortlich sein können.

Tatsächlich liegt die Verantwortung für Stress und Burnout vorwiegend bei uns selbst.

Der modere, vielbeschäftigte Mensch ist dann besonders gefragt, wenn er Multitasking-Fähigkeiten zeigt.

Eine immer möglichst hohe Effektivität in der Bewältigung seiner komplexen und zeitlich umfangreichen Aufgaben bedarf daher eines effizienten und durchgetakteten Zeitmanagements. Je mehr parallel bearbeitete Aufgaben bewältigt werden und dabei schnelles Umdenken bei multimedialer Vernetzung ermöglicht werden, umso besser. Wer möglichst viele Dinge gleichzeitig erledigen kann, gilt als besonders produktiv und kompetent in seiner Arbeit – eben 'multitaskingfähig'. Und das kommt gut.

Einerseits und aus Sicht der Unternehmen sicherlich nachvollziehbar ist dieser verständliche Wunsch und die Hoffnung in dieser schnelllebigen und hochkomplexen Welt.

Aus der Perspektive der Gehirnforschung wissen wir jedoch nicht erst seit gestern, dass Multitasking beim Menschen nicht wirklich funktioniert. Es muss in seiner Wirkung auf den Menschen als auch in seinen Folgen für die Wirtschaftlichkeit eines Unternehmens und für eine Leistungsgesellschaft als höchst bedenklich betrachtet und eingestuft werden.

Eines vorweg: Multitasking macht krank!

Eine permanente, noch so gewollte Reizüberflutung führt zu Stress, Hektik und Oberflächlichkeit. Konzentrationsstörungen und ein eingeschränkt arbeitendes Kurzzeitgedächtnis sind die Folge. Hinzu kommen das Fokussieren auf Außenreize ohne Bezug und Berücksichtigung der eigenen, persönlichen Bedürfnisse. Körperliche und seelische Reaktionen und Symptome werden nicht mehr oder nur sehr begrenzt wahrgenommen. Unterbrechungen in den Arbeitsprozessen führen zu höherem Energieverbrauch bei der Bewältigung einzelner Aufgaben.

Aufzuhören oder Abzubrechen wird dabei als Schwäche oder Scheitern erlebt. Ein schier unaufhörlicher Kreislauf, der letztlich in einen Zustand völliger Erschöpfung führt.

Das Symptom Burnout ist die letzte mögliche Notbremse und somit ein kompetentes Frühwarnsystem des Körpers vor dem Tod.

Hinzu kommt, dass Multitasking höchst unwirtschaftlich ist.

Eine ständige Verlagerung der Aufmerksamkeit auf das eine bedingt, dass das andere oder dritte weniger Aufmerksamkeit bekommt und somit qualitativ leidet. Der Mensch kann mehrere Dinge nicht gleichzeitig mit gleich hoher Qualität und Aufmerksamkeit durchführen. Ebenso erschweren die wechselnden Verlagerungen die Konzentration auf die einzelnen Aufgaben: die Bearbeitungszeit verlängert sich unwillkürlich, während die Qualität aller begonnenen Tätigkeiten sinkt.

Das Korrigieren und Ausgleichen von Fehlern mehrt sich und verlängert den Arbeitsprozess zusätzlich um bis zu 20 Prozent.

Hinzu kommt, wer seine Aufmerksamkeit bei der Arbeit teilt, ist wieder wesentlich anfälliger für Krankheiten und Unfälle.

Diese Erkenntnisse reichen aus um feststellen zu können:

Wir dürfen in der heutigen komplexen Arbeits- und Lebenswelt wieder den Fokus auf uns selbst, unsere Möglichkeiten zur Selbstbeobachtung und den Weg der Eigenverantwortung suchen und gehen.

Burnout, erlebter Stress – positiv wie negativ – Hektik und das Gefühl, keine Zeit mehr zu haben sind Symptom-Formen des eigenen Erlebens und der eigenen Sicht auf die Welt.

Wir selbst haben dafür Verantwortung und können ebenso dafür sorgen, es soweit gar nicht erst kommen zu lassen.

Achtsamkeit, den Fokus mehr auf das 'Hier und Jetzt' zu lenken und das Aktivieren des 'Inneren Beobachters', der uns verantwortungsvoll vom Opfer zum wohlwollenden 'Fahrer unseres eigenen Lebensbusses' macht sind nur drei Möglichkeiten, präventiv gegenüber einem möglichen Burnout-Zustand vorzugehen.

Darüber hinaus wirkt unterstützend eine tägliche Mediation von 15 Minuten am Morgen und Abend.

Achtsamkeit und den Fokus auf das 'Hier und Jetzt' zum inneren Beobachter stellt eine konzentrierte und wertschätzende Haltung sich selbst gegenüber dar.

Im bewussten Wahrnehmen, im Beobachten ohne zu bewerten, erfassen wir die gegenwärtige Situation und den Augenblick der Gegenwart. Wir aktivieren einen 'inneren Beobachter', der sich seiner selbst mit allen Gedanken, Gefühlen und körperlichen Empfindungen jetzt gerade bewusst wird. Diese wache Qualität des Spürens ist ein in-sich-Ruhen: offen, weit und sehr präsent.

Diese bewusste Klarheit und Präsenz kommt im Alltag und in Führungssituationen viel zu kurz. Automatisiertes, stereotypisches Verhalten, assoziiertes Erleben ohne die Möglichkeit der Draufsicht und des distanzierten Blickes in der Situation lassen bei Entscheidungen keine Wahlmöglichkeiten und Facetten offen.

Erlebte Freiheit und Autonomie entsteht erst im Üben der Achtsamkeit und des Aktivierens des 'Inneren Beobachters', der uns eine mental konstruierte Sichtweise des Außen gewährt, um alternative Wege gehen zu können. So ist das Konzentrieren auf das Wesentliche wirklich möglich.

Durch ein bewussteres Pendeln zwischen den verschiedenen Wahrnehmungsebenen wie Körperempfindungen, Gefühlen, Gedanken oder äußeren Reizen gewinnen wir ein differenzierteres Bild von uns selbst und der Welt, wie wir sie wahrnehmen wollen, was der Komplexität unsere Arbeits- und Lebenswelt eher gerecht wird.

Ein tieferer Zugang zu uns selbst macht dann auch möglich, mehr Selbstverantwortung für sein Tun übernehmen zu können und sich rechtzeitig dafür die Zeit zu nehmen, sich selbst zu versorgen, um gesund und arbeitsfähig zu bleiben.

Üben Sie sich mit Achtsamkeit.

Sie kann überall praktiziert werden: beim Einkaufen, in der Straßenbahn, beim Bügeln oder Duschen, im Mitarbeitergespräch, in Besprechungen oder in der Mittagspause beim Essen.

Aktivieren Sie Ihren 'Inneren Beobachter' und nehmen Sie bewusster distanzierter wahr, was jetzt ist.

Zwischen Reiz und Reaktion liegt viel Beobachtungspotenzial.

Ein Reiz, den ein Mensch aussendet (Aussagen oder Verhaltensweisen) kann mehrschichtig beobachtet werden:

ZWISCHEN REIZ >>> UND REAKTION ...

▸ Was nehmen Sie grundsätzlich alles wahr (ohne Wertung)?

▸ Welche Emotionen sind spürbar (bei Ihnen und beim Gegenüber)?

▸ Welche Strategie könnte Ihr Gegenüber für sich selbst und für Sie verfolgen?

▸ Was ist die grundsätzliche Motivation des Gegenübers?

▸ In welchen Rollen sind beide Seiten gerade wirkend?

Wie können wir nun vom Phänomen 'Burnout' lernen und uns in die Eigenverantwortung bringen?

In der Psychologie konnte bereits vor vielen Jahren nachgewiesen werden, dass erlebte Belastungen von Menschen dann als besonders anstrengend und negativ stressig empfunden wurden, wenn sie nicht sinnstiftend oder als unwirksam erlebt wurden.

Wie jedoch jeder Einzelne Wirksamkeit und Sinnhaftigkeit wahrnimmt, hängt stark von seinen inneren Bewertungs- und Wahrnehmungsmustern ab. Das Gefühl von totaler Erschöpfung und einer einhergehenden Traurigkeit und Hoffnungslosigkeit stellt sich besonders dann ein, wenn das gezeigte Engagement keine Wertschätzung und Beachtung im Außen erfährt.

Da die Ursache von Burnout erfahrungsgemäß mehr im Innen als im Außen eines Menschen liegt, zeigt sich hier, dass jedes Individuum 'Er-Lebensmuster' hat, das im Außen Wertschätzung braucht und will.

Innere Antreiber begünstigen dann das Überschreiten von Grenzen. „Ich muss alles perfekt machen" oder ich muss es allen recht machen" fördern die Situation, eigene Bedürfnisse vor anderen zurückzustellen.

Im Innen brenne ich aus, da ich wie im Hamsterrad alles versuche und gebe, im Außen bekomme ich jedoch nicht die Wertschätzung, die ich gerne hätte.

Daher wird die Leistung im Außen immer mehr und der Frust im Innern immer stärker. Die Folge ist früher oder später ein Kollaps der eigenen Strategie.

Burnout als Kompetenz

Das nicht als Krankheit definierte, sondern als Symptom bezeichnete 'Burnout' wird landläufig als Ausdruck von Inkompetenz, Unreife, Fehlverhalten, Defizit oder Unvermögen gesehen. Aus systemischer Sicht werden derartige Symptome eher als Ausdruck einer besonderen Kompetenz verstanden.

Kompetent ist wertfrei betrachtet zunächst alles, was erfolgt, eintritt und funktioniert. Also auch Unerwünschtes, welches durch eine gewisse Form der Strategie in uns angelegt erfolgreich umgesetzt wird und sich dann als Symptom nach außen zeigt (z.B. Krankheit, Burnout, u.ä.).

Genauer betrachtet zeigt sich beim Burnout-Syndrom ein intensiver Feedbackprozess des eigenen Körpers und Geistes, was für eine gesunde und erfüllende Lebensgestaltung fehlt.

Wertschätzen wir wohlwollenden und anerkennend diese Signale, entsteht durch ein Burnout ein konsequenter Ausdruck der inneren Wertehaltung eines Menschen zu sich selbst und somit die Übernahme von Verantwortung für eine Veränderung (Strategieänderung, aus dem Burnout heraus zu kommen).

Burnout schützt uns quasi vor endgültiger Überforderung und ermöglicht uns die Chance zu nutzen, auch bei wiederholtem Mal den Fokus auf uns selbst und unsere Gesundheit zu richten. Burnout warnt uns rechtzeitig vor noch größeren, gesundheitlichen Unheil.

Aus der systemischen Sicht ist Burnout also durchaus vermeidbar und es kann präventiv vorgebeugt werden.

Es darf sensibilisiert betrachtet werden, was genau der Mensch wie und aus welchen Gründen bezüglich unterschiedlichster Außenreize als Stress und Belastung betrachtet und bewertet.

Menschen kommen demnach grundsätzlich nicht selbstständig in ein Burnout, sondern in Wechselwirkung ihrer eigenen Wahrnehmungsmuster und den besonderen Außenbedingungen.

Die Forderung nach mehr Umsatz bei gleichzeitig vorherrschender Wirtschaftskrise, einhergehend mit einer eigenen Unsicherheit an Leistungsvermögen, wäre beispielsweise eine solche Wechselwirkung.

Werden einem durch ein persönliches Coaching diese eigenen Wahrnehmungsmuster bewusst gemacht, verändert sich auch die Wahrnehmung im Außen.

Somit könnte in einem Unternehmen das Phänomen Burnout erheblich an Vorkommen gesenkt werden. Leider wird in der Praxis lange 'zugewartet' und eine Prävention im Vorfeld unterschätzt. Ausfälle durch Burn-out sind dann wesentlich kostspieliger und zeitlich aufwendiger.

Eine Coaching-Prävention ist immer dann zeitlich und finanziell am attraktivsten, wenn 'das Kind noch nicht in den Brunnen gefallen ist'.

Mit mehr Achtsamkeit nach Innen und der Übernahme von Eigenverantwortung im Erleben der Welt gelingt es leichter, nicht in den Strudel des Burnouts zu kommen.

Mit mehr Abgrenzungskompetenz gelingt es Ihnen in Situationen sagen zu können: „Ich könnte noch, aber jetzt benötigen Körper, Geist und Seele eben Ruhe." Dies über seine optimale Lebensbalance sagen und leben zu können ist eine großartige Kompetenz und Leistung, die zunächst Ihnen selbst am meisten zu Gute kommt. Wer die Signale seines Körpers rechtzeitig wahrnimmt und nutzt, hat mehr von sich und seinen persönlichen Ressourcen.

'Come in' statt Burnout – den Zugang zu sich zu entwickeln und zu lernen, sich selbst zu versorgen, statt nur für Andere zu brennen und auszubrennen.

11 Tipps, wie es nichts werden kann mit einem Burnout

I. Sie haben einen Beruf, der Ihre Berufung ist. Im Grunde 'arbeiten' Sie gar nicht mehr, wenn Sie arbeiten.

II. Wenn Sie Ihre Arbeit tun, vergessen Sie die wichtigste Ressource für ein gutes Ergebnis nicht: und das sind Sie selbst!

III. Das, was Sie tun, macht Ihnen nicht nur Spaß, sondern Sie haben auch maximalen Einfluss und Gestaltungsspielraum bei der Umsetzung.

IV. Ihre Leistung – egal was Sie tun –, hält sich ausgewogen die Waage zwischen Wollen, Können und Dürfen.

V. Sie lenken in Ihrer Wahrnehmung den Fokus:

1. mehr auf sich als auf andere

2. auf das, was gelingen kann statt auf das, was nicht gelingen könnte

3. drauf zu agieren statt zu reagieren

4. auf das Suchen nach Unterschieden statt Ähnlichkeiten

5. darauf, sich selbst zu vertrauen und somit den anderen Menschen auch

VI. 'Fehler' sind Ergebnisse und Sie nutzen die Möglichkeit, durch sie zu wachsen.

VII. Ihr Mobiltelefon hat feste Sprechzeiten (z.B.: Montag – Freitag von 9-12 und 15-18 Uhr).

VIII. Sie genießen jeden Tag zwei Stunden für sich ganz persönlich und üben sich dabei z.b. in Achtsamkeit.

IX. Sie übernehmen Verantwortung für Ihr Leben und Erleben. Was Sie vorfinden haben nur Sie erschaffen.

X. Sie bejahen Ihr Leben und Ihre Emotionen und beenden das (Ver-)Urteilen von Dingen und Menschen.

XI. Mit dem Fokus Ihres 'Inneren Beobachters' treffen Sie Entscheidungen aus dem 'Hier und Jetzt' und verantworten diese selbst.

Die SELFMENT-Idee kann Sie in eine neue Dimension der Bewusstheit führen.

Mit den vier Schritten lernen Sie, Ihren ganz persönlichen Erfolg zu entwickeln. Erleben Sie sich und SELFMENT mit mir und gestalten Sie Ihr 'Heute' selbstbewusst, eigenverantwortlich und nachhaltig.

Für Ihren ganz persönlichen Erfolg.

DRIVE YOUR OWN BUS!

Thierry Ball
— der Selfment®-Coach

Erfahren und entfalten Sie mit Thierry Ball Ihre eigenen Möglichkeiten, die schlummernd, ungenutzt brach liegend oder verschüttet darauf warten, geweckt und aktiviert zu werden.

Mit Ihrer Eigenmotivation übernehmen Sie beispiellos Verantwortung für Ihren ganz persönlichen Erfolg.

Wenn Sie wissen, was Sie tun, können Sie tun, was Sie wollen!

DER COACH FÜR ANSPRUCHSVOLLE.

Thierry Ball ist systemischer Coach aus Leidenschaft. Glaubenssätze, Tricks und Spielchen im Umgang mit sich selbst und im Umgang mit anderen Menschen entlarvt und stabilisiert er mit Konsequenz und Werteorientierung. Was er tut, geschieht mit Herz, Verstand und einem hohem Maß an Eigenverantwortung. Das macht ihn reich an Erfolg und absolut authentisch.

Das von ihm entwickelte SELFMENT®-Konzept führt jeden in die (wiederentdeckte) Eigenverantwortung mit dem Fokus, das Leben erfolgreich und autonom zu meistern.

20 Jahre Unternehmenserfahrung verhalfen ihm zu Detailkenntnissen über systemische Wirkungsweisen für eine jetzt klare Sicht als externer Berater und Coach. Seine Kunden führen sich selbst und andere Menschen in eigenverantwortliches Denken und Handeln.

KONTAKT

Ihr direkter Draht zum SELFMENT®-Coach Thierry Ball.

WWW.THIERRY-BALL.DE

fon 0173.3140674
Wilhelm-Roether-Straße 47 in 76307 Karlsbad

Das Refugium

Mit 10-jährigem Bestehen als selfment®-Coach, erfüllt Thierry Ball sich und allen Interessierten einen Traum – das Refugium in Karlsbad.

Thierry Balls Refugium ist ein Zufluchtsort für Suchend, um neue Lebenskraft und Energie zu tanken. Es ist ein sicherer Ort der Ruhe und Zeit. Hier

Die folgenden Module bilden als Ganzes die Ausbildung 'Die Kunst der Selbstführung'.
Sie ist die Grundlage zum 'selfment®-Berater ECA'.

Die Kunst der Selbstführung

I. Bewusstheit (Einführung)

II. Dialog

III. Identität

IV. Werte

V. Lebensweg

VI. Kreativität

VII. Prozess

VIII. Zugang

IX. Inspiration

X. Zertifizierung

Hier steht Ihnen offen, sich selbst zu befragen und sich zu entdecken. Hier finden Sie Antworten auf Ihre Fragen zu sich selbst. Hier entdecken Sie Ihre Möglichkeiten und Ressourcen für persönliche Entfaltung. Hier haben Sie das, was Sie sonst scheinbar nicht haben: Zeit für sich selbst. Hier dürfen Sie Individuum sein und Ruhe finden. Hier beginnt die Kunst der Selbst-Führung. Hier wächst Ihre Selbstverantwortung zu Ihrem Er-Leben.

Specials

I. wunderbar weiter Level 1

II. wunderbar weiter Level 2

III. Emotion (wingwave-Coach)

IV. Stille

V. Klarheit

VI. Ent-Spannung

VII. Refresher (wingwave)

BUSINESS

KLASSIKER

systemisch -eigenverantwortlich - anders

I. FÜHRUNG

II. NACHWUCHS-FÜHRUNG

III. VERTRIEB

IV. TEAM

V. KONFLIKT

VI. ZEIT

Die 'Klassiker-Seminare' sind auf den ersten Blick wirklich klassische Themen für Unternehmen. Doch der besondere Ansatz von Thierry Ball – mit starker systemischer Prägung – macht diese Seminarreihe zum absoluten Inhouse-Highlight.

Selbstverantwortung für die Teilnehmer und Nachhaltigkeit für das Unternehmen stehen bedingungslos im Vordergrund.

Selfment®-Methoden

Ein halbes Dutzend fundierter Methoden für überdurchschnittlichen Erfolg mit Selfment®:

I. NLP

II. TA

III. Hypnosesystemischer Ansatz

IV. Systemische Meditation

V. Energetische Psychologie

VI. Wingwave

Der Mix dieser speziellen Methoden kombiniert mit dem eigenen Konzept selfment® von Thierry Ball ermöglicht eine völlig neue Sicht auf die Welt und das Er-Leben. So kann sich Eigenverantwortung besonders nachhaltig entfalten.

Bücher

Im ersten Buch 'In Balance' gewinnt der Leser einen durchgängigen Eindruck darüber, wie er sich ganzheitlich selbst und beim Umgang mit anderen Menschen in Balance bringen kann.

> BALL, T. 2010. In Balance: verstehen & verantworten – verändern & vertrauen. Mehr in Balance mit sich und anderen Menschen. Norderstedt, Books on Demand GmbH

Sein zweites Werk 'Vorsicht Veränderung' beschreibt im Detail seine SELFMENT®-Idee und ermöglicht beim Lesen der zahlreichen Übungen schon das Gefühl von Selbstverantwortung. Der Titel warnt freundlich und direkt davor, dass beim Beherzigen der Inhalte wirklich Veränderung eigenverantwortlich möglich werden kann.

> BALL, T. 2011. Vorsicht Veränderung: Wege zu mehr Selbstverantwortung mit selfment. Gelnhausen, Wagner.

Im männlichen Reload der 7 Säulen der Macht übernimmt Thierry Ball die dritte Säule der Macht, die Selbst-Kontrolle. Prägnant und praktisch beweist er, wie sexy Selbstdisziplin in Wahrheit ist und wie man mit dem richtigen Fokus wahre Freiheit erfährt.

> BALL, T. 2013. Who is driving the bus? In Grieger-Langer, Suzanne (Hrsg.): Die 7 Säulen der Macht reloaded – 7 Speaker – 7 Schlüssel zum Erfolg. Bielefeld, Profiler's Publishing.

Und so, wie wir den SELFMENT®-Coach Thierry Ball kennen, werden noch viele wertvolle Bücher kommen.

Wir sind gespannt!

Hörbücher

Thierry Ball gibt's auch auf die Ohren – hochkompetent, hörenswert und höchstpersönlich eingesprochen.

ber iTunes oder Amazon ISBN 978-3-945112-06-9

www.ingramcontent.com/pod-product-compliance
Lightning Source LLC
Chambersburg PA
CBHW061513040426
42450CB00008B/1604